통通성경학교 Pre-STEP 2

성경과 영성

Bible and Spirituality

성경과 영성

초 판 1쇄 2015년 8월 31일
4쇄 2018년 10월 9일

지은이 · 조병호
펴낸곳 · 도서출판 **통독원**
디자인 · 전민영

주소 · 서울시 강남구 논현동 278-3
전화 · 02)525-7794
팩 스 · 02)587-7794
홈페이지 · www.tongbooks.com
등록 · 제22-2766호(2005.6.27)

ISBN 978-89-92247-88-7 03230

통通성경학교 Pre-STEP 2

성경과 영성

Bible and Spirituality

조병호 지음

통독원

들어가면서

후회하지 않는 인생을 사는 비결 '성경'

사람들이 인생을 마칠 즈음 깊이 후회하는 3가지가 있습니다. 시간, 돈, 관계를 잘 사용하지 못했다는 후회입니다.

"그때 공부를 좀 열심히 했으면 좋았을 걸 …."

"그때 그 돈을 그렇게 쓰지 않았으면 좋았을 걸 …."

"그때 그 사람과 그렇게 다투면 안 되는 거였는데 …."

그런데 이처럼 시간과 돈과 관계를 잘못 사용했다고 후회한다는 것은, 평생에 걸쳐 그것들을 충분히 사용해봤기 때문에 후회하는 것입니다.

사용해보지 않은 것, 혹은 사용해보지 못한 것을 가지고는 후회하지 않습니다. 그런데 놀라운 사실은 그리스도인들도 인생을 마치면서 다른 사람들처럼 시간과 돈과 관계를 잘 사용하지 못했다는 것은 후회하면서, 성경에 대해서는 후회하지 않는다는 것입니다.

하나님의 말씀인 계시의 책, 성경은 사용해보지 않았기 때문에 후회조차 할 줄 모르는 것입니다.

하나님께서는 우리 모두에게 성경 전체를 '선물'로 주셨습니다. 선물은 쓰라고 주는 것이지, 보관하라고 주는 것이 아닙니다. 하나님께서 우리에게 선물로 주신 성경은 누구에게는 창세기만 주시고, 누구에게는 요절 몇 구절만 주시고 그러지 않으셨습니다.

그런데 평생 마음껏 쓰라고 주신 성경 전체를 다 사용하지 못하고 겨우 요절 몇 구절 가지고 만족하다가 하나님 나라에 가는 것입니다.

500년 전, 마틴 루터가 종교개혁을 일으켰던 이유는 사제들만 가지고 읽었던 성경을 세상 모든 사람들이 다 읽게 하기 위함이었습니다. 그런데 오늘날 모든 사람들이 성경을 다 가지게 되기는 했는데, 그냥 가지고만 있습니다. 평생 쓰고도 남을 만큼의 큰돈을 선물로 받았음에도 한 푼도 못 쓰고 죽는 어리석은 사람과 같습니다.

하나님의 선물인 성경을 사용하지 않는 사람은 안타깝게도 예수를 믿는다고 하면서 성경에 기록된 예수가 아닌, 자신이 만든 예수를 믿는 사람입니다. 그래서 그런 사람은 예수를 닮지 못합니다.

시간을 잘 쓰면 생각 이상의 큰 성과를 거둡니다. 재물도 그렇고 인간관계도 그렇습니다. 그러나 그보다 더 중요한 것은 하나님께서 선물로 주신 성경을 선물답게 잘 쓰는 것입니다.

성경 속 하나님의 사람들은 하나님의 말씀으로 충분했기에 후회하지 않는 삶을 살 수 있었습니다. 사도 바울처럼 죽음을 앞두고도 "달려갈 길을 마쳤고, 이제 나는 하나님께 면류관 받으러 간다."라고 즉, 후회 없는 인생을 살았다고 고백할 수 있습니다.

성경을 요절 한두 구절이 아닌, 전체 이야기로 다 가지는 것이 후회하지 않는 인생을 사는 비결입니다.

가평 통독원에서

목차

Ⅰ. 성경

1. 성경은 '얇은 책' 입니다

"부분(部分)과 전체(全體)"

성경은 하늘을 두루마리 삼고 바다를 먹물 삼아도 다 기록할 수 없는 그 무한한 사랑과 진리를 담은 책의 두께치고는 무척 얇습니다.

성경을 부분으로 보면 자신이 보고 싶은 말씀만을 찾아보는 편향적인 성경 읽기로 치우치기 쉽습니다. 이런 성경 읽기 방식은 때로 위험하기까지 합니다. 그래서 성경은 부분이 아닌 전체로 읽습니다.

2. 성경은 '소리 내서 읽을 책' 입니다

"문자(文字)와 음성(音聲)"

성경은 하나님의 음성을 문자로 담아낸 책입니다. 성경은 하나님께서 "빛이 있으라."라고 말씀하시자 빛이 생겼다고 기록하고 있습니다. 문자보다 하나님의 음성이 먼저 우리에게 왔다는 것입니다. 그래서 하나님의 말씀인 성경은 음성으로 듣고, 문자로 읽어야 합니다.

성경을 소리 내서 읽으면 말씀이 더욱 생생하게 느껴집니다. 그러면 하나님의 기뻐하시는 마음과 하나님의 한탄하시는 마음을 이해하면서 읽을 수 있습니다. 성경을 소리로 듣고 문자로 읽어 하나님의 마음을 헤아리는 수준까지 이르자는 것입니다. 성경을 소리 내서 읽으면 기록된 말씀의 억양과 어조가 살아납니다. 그래서 성경은 눈으로 읽고, 입으로 읽고, 귀로 들어야 하는 책입니다.

문자의 장점은 아무리 강조해도 지나침이 없습니다. 하지만 음성, 소리 이 안에 들어 있는 따뜻한 하나님의 마음을 우리는 성경을 소리 내서 읽어가면서 충분히 발견할 수 있습니다. 따라서 성경은 문자와 음성을 통(通)으로 읽어야 합니다.

3. 성경은 '1년 10번 들을 책' 입니다

"반복(反復)과 성장(成長)"

학습에 가장 효과적인 방법은 반복일 것입니다. 하나님께서 여호수아에게 말씀하셨습니다. "율법을 주야로 묵상하라." 전쟁을 치러야 하는 바쁜 여호수아에게 밤낮으로 말씀을 대하라고 말씀하십니다. 거기에 효과가 있다는 것입니다.

성경을 많이, 꼼꼼히, 정성껏 듣다 보면 우리의 믿음이 자랍니다. 그리고 성경을 들으면 들을수록 우리의 믿음이 커집니다. 그래서 1년에 10번은 반복해서 들어야 합니다.

4. 성경은 '하나님 마음이 담긴 책' 입니다

"경전(經典/문법 • 문학적)과 심정(心情)"

성경은 온 세상을 담고 있으며 각 시대마다 함께하신 하나님의 마음이 담겨 있습니다. 그래서 성경 전체를 그 흐름에 따라 통(通)으로 읽어야 합니다.

또한 통시적(通時; diachronic), 공시적(共時; synchronic) 성경 읽기를 통(通)으로, 서양의 분석적, 동양의 직관적 해석을 통(通)으로 살펴 성경을 정경적이며 동시에 심정적으로 해석해야 합니다.

5. 성경은 '개인 • 가정 • 나라 이야기를 담은 책' 입니다

성경은 2,000여 년의 시간, 1,500여 공간, 5,000여 인간을 통(通)으로 그리고 한 개인을 먹이시고, 고치시고, 가르치시고, 용서하시고, 기도해주신 내용부터 가정, 그리고 제사장 나라 5대 제국 하나님 나라를 통해서 세계를 경영하신 이야기까지 통(通)으로 읽어야 한다.

Ⅱ. 영성

1. 알고(Knowing)

"계시의 책 성경을 통해서 하나님을 알 수 있다."

면벽구년(面壁九年)이라는 말이 있습니다. 한 인간이 진리를 깨우치겠다는 의지로 눕지도 않고 앉은 자세로 9년을 버텼다는 것은 사람들의 입에 오랫동안 회자(膾炙)되기에 충분한 일입니다.

아시시의 성자로 불리는 프란체스코(Sanctus Franciscus Assisiensis, 1181/2-1226)는 이탈리아의 부유한 상인의 아들로 태어났음에도 불구하고 로마의 성베드로대성당 앞에서 구걸하는 걸인들을 보고 깊은 감동을 받아 평생 가난한 삶을 살겠다고 결심하고 가난한 이웃과 함께하는 삶을 살아 많은 사람들에게 감동을 주었습니다. 이 이야기는 사람들의 입에서 입으로 전해지는 아름다운 이야기임에 틀림없습니다.

깊은 명상이나 청빈한 삶에 관한 에피소드는 이처럼 오랜 세월 사람들에게 회자되고 좋은 예화로 가치가 있습니다. 그러나 이런 예화들을 수천 개 꿰고 있다고 하나님을 알게 되거나 하나님을 믿는 믿음이 생기는 것은 아닙니다.

하나님을 바로 아는 길은 미담이나 예화들이 아니라, 오직 하나님이 자신을 드러내신 계시의 말씀인 성경을 통해서만 가능하기 때문입니다.

성경을 통하지 않으면 어느 누구도, 그리고 어떤 다른 방법으로도 결코 하나님을 알 수 없습니다. 하나님은 인간의 깊은 명상이나 아름다운 삶의 실천 같은 방법으로 알게 되는 분이 아니기 때문입니다.

온 우주 만물을 창조하신 하나님은 계시의 책 성경을 통해서만 하나님 자신을 드러내셨습니다.

"우리 주 예수 그리스도의 하나님,
영광의 아버지께서 지혜와 계시의 영을
너희에게 주사 하나님을 알게 하시고"(엡 1:17).

"어려서부터 성경을 알았나니 …
모든 성경은 하나님의 감동으로 된 것"
(딤후 3:15-16).

우리가 그 하나님을 알기 위해서는 성경을 읽고, 배우고, 깨달아야 하는 것입니다.

"하나님의 율법책을 낭독하고 그 뜻을 해석하여
백성에게 그 낭독하는 것을 다 깨닫게 하니
백성이 율법의 말씀을 듣고 다 우는지라
총독 느헤미야와 제사장 겸 학사 에스라와
백성을 가르치는 레위 사람들이
모든 백성에게 이르기를
오늘은 너희 하나님 여호와의 성일이니
슬퍼하지 말며 울지 말라 하고"(느 8:8-9).

하나님의 감동으로 기록된 계시의 말씀인 성경을 읽으면 하나님께서는 하나님의 영인 성령을 보내셔서 우리로 하여금 하나님을 알게 하시고, 하나님을 믿는 믿음이 생기게 역사하십니다.

'다르다'와 '틀리다'는 확연히 다른 내용입니다. 남자와 여자가 다르고, 어른과 아이가 다릅니다. 동물과 식물이 다르고, 낮과 밤이 다릅니다. 이것은 서로 다른 것이지 틀린 것이 아닙니다. 때문에 서로의 다름은 인정해야 하는 것이지 탓할 것이 아닙니다.

동물들은 창조 이래로 그들이 처음 시작했던 삶의 방식에서 크게 일탈하지 않고, 그들의 삶의 방식을 고수하며 살아오고 있습니다. 동물들은 계속 같은 방식으로 사냥하고, 종족을 보존하며 살아오고 있는 것입니다.

그런데 인간은 끊임없이 발전해왔습니다. 처음에는 동굴에서 생활하며 수렵생활을 하다가, 한곳에 모여 함께 살며 농사를 짓기 시작하더니, 문명을 이루고, 과학을 발전시켜갔습니다. 그리고 인문학과 사회학, 그리고 자연과학을 발전시켜 놀라운 세상을 만들어냈습니다.

이제는 지구에서 태양까지의 거리도 측정하고, 컴퓨터와 스마트폰을 만들어 사람이 기계 앞에서 작아지는 느낌까지 들게 만듭니다. 그렇다면 짐승과 사람은 왜 이렇게 다를까요?

짐승이나 사람이나 모두 하나님께서 창조하신 것은 같습니다. 그러나 사람은 처음부터 하나님께서 하나님의 형상을 따라 만드셨고, 거기에서 더 나아가 하나님께서는 사람에게 하나님의 생기를 불어넣어 주셨습니다. 그래서 사람은 동물들과 창조 때부터 달랐습니다.

동물들은 창조 이래로 그들의 태생적 환경을 수용하고 계속해서 그들 부모의 삶의 방식을 따라 살아왔습니다. 이처럼 동물들이 그들의 부모가 살아가는 삶의 방식을 따라 사는 것은 영어로 'alike'(닮는다)라고 말합니다.

부모를 닮는 것입니다. 그러나 인간은 부모를 닮는 것을 넘어 주변 환경으로부터 생각 이상으로 많은 영향을 받으며 삽니다. 인간은 부모, 형제, 친구, 친척, 스승, 심지어 광고, 권유, 회유, 협박 등등, 주변으로부터 받는 영향이 동물과 달리 매우 많습니다. 그래서 인간은 부모를 닮기도 하지만 'influence' (영향을 받다), 영향을 받는 존재라 할 수 있습니다.

그래서 어머니들은 태중에 아이를 임신한 순간부터 태교라는 교육을 시작합니다. 태교, 밥상머리 교육, 가정교육으로부터 아이는 교육을 받기 시작하여 학교교육, 사회생활 등을 하면서 한평생을 살아가게 됩니다.

동물들의 자식 사랑도 눈물겹습니다. 동물들도 자식을 교육합니다. 그래야 정글에서 살아남고, 사냥도 계속하고, 종족도 보존하기 때문입니다.

그렇다면 동물과 다른 인간은 부모를 닮고 여러 면에서 영향을 받는 동시에 과연 어떻게 살아야 할까요? 모세는 인간이 이 세상을 가장 잘 사는 방식으로 '하나님께서 성경을 통해 말씀하신 모든 말씀을 지켜 행하라.' 라고 가르쳐주었습니다.

그러면 세상을 사는 동안 하나님께 삶을 얻고 복을 받아 장수하며 살 수 있다고 말합니다. 모세의 이 말은 인간의 삶을 성공적으로 살아가는 데에 있어 어떤 노하우와도 견줄 수 없는 최고의 노하우라 할 수 있습니다.

"너희 하나님 여호와께서
너희에게 명령하신 모든 도를 행하라
그리하면 너희가 살 것이요
복이 너희에게 있을 것이며
너희가 차지한 땅에서
너희의 날이 길리라"(신 5:33).

그렇다면 모세의 말대로 하나님께서 우리에게 말씀하신 모든 말씀을 따르기 위해 우리는 무엇을 어떻게 해야 할까요? 답은 간단명료합니다. 하나님께서 말씀하신 그 말씀이 무엇인지를 알기 위해 노력해야 합니다. 그렇다고 하나님의 말씀이 무엇인지 찾기 위해 보물을 찾아 헤매듯 먼 여행을 떠나야 하는 것은 아닙니다.

하나님의 말씀은 하나님 자신을 드러내시고 하나님께서 우리에게 하시고자 하는 말씀을 모두 기록해놓은 계시의 책 성경에 다 기록되어 있기 때문입니다. 우리는 그 계시의 책 성경을 펼쳐서 읽고 하나님의 말씀을 공부하면 되는 것입니다.

사도 요한은 하나님의 아들이신 예수 그리스도를 우리에게 소개하면서 그분은 '말씀이 육신이 되신 분' 이라고 가르쳐주었습니다. 우리가 성경을 통해 하나님을 알게 되면 '하나님은 사랑' 이시라는 사실을 깨닫게 됩니다.

그리고 그 하나님의 사랑의 본체가 예수 그리스도이심을 알게 되는데, 그 예수님은 바로 말씀이 육신이 되신 분입니다. 그러므로 하나님을 알고 하나님의 독생자 예수 그리스도를 아는 것은 하나님의 말씀인 성경 즉, 말씀을 알기에 가능한 것입니다.

"말씀이 육신이 되어 우리 가운데 거하시매
우리가 그의 영광을 보니 아버지의 독생자의 영광이요
은혜와 진리가 충만하더라"(요 1:14).

하나님의 말씀인 계시의 책 성경은 하나님을 알 수 있는 책이자, 동시에 하나님의 사람이 세상을 이기는 힘입니다. 모세는 만나세대에게 다음과 같이 하나님의 말씀을 전했습니다.

"네 하나님 여호와께서 이 사십 년 동안에
네게 광야 길을 걷게 하신 것을 기억하라
이는 너를 낮추시며 너를 시험하사 네 마음이 어떠한지
그 명령을 지키는지 지키지 않는지 알려 하심이라.
너를 낮추시며 너를 주리게 하시며
또 너도 알지 못하며 네 조상들도 알지 못하던
만나를 네게 먹이신 것은
사람이 떡으로만 사는 것이 아니요
여호와의 입에서 나오는 모든 말씀으로 사는 줄을
네가 알게 하려 하심이니라"(신 8:2-3).

아기가 세상에 태어나면 그 아기는 처음에는 걷지도 못하고 뛰지도 못할 뿐더러, 심지어 눈도 잘 뜨지 못합니다. 귀한 새 생명임에도 불구하고 그 아기는 누군가 돌보아주지 않으면 이 세상을 살아갈 수 없는 연약한 존재일 뿐입니다.

그런데 놀라운 사실은 혼자서는 아무것도 할 수 없는 그 아기가 입을 벌려 무엇인가를 먹으려 한다는 것입니다. 살기 위해 먹어야 한다는 사실을 아기가 이미 알고 있는 것입니다. 그렇게 인간은 나면서부터 먹는 것의 중요성을 알고 있습니다. 그리고 평생을 살아가면서 매일 삼시 세끼를 먹으며 살아갑니다.

인간은 평생을 살면서 먹는 일을 절대로 귀찮아하지도 않고, 결코 잊어버리지도 않습니다. 그렇게 먹는 일이 중요한 일입니다. 그런데 하나님께서는 출애굽한 이스라엘 백성들을 광야에서 때로는 '일부러' 주리게 하셨다는 것입니다.

이것은 하나님께서 작정하고 의도하신 일인데 이는 사람이 떡으로만 사는 것이 아니라, 하나님의 말씀으로 사는 것임을 가르쳐주기 위함이셨습니다.

예수님께서도 이 사실의 중요성을 우리에게 가르쳐주셨습니다. 보통 사람들은 중요한 일을 앞두면 일단 건강을 위해 음식을 충분히 섭취해야 한다고 생각합니다. 예를 들어 전쟁을 앞두거나 하면 말입니다.

그런데 예수님께서는 공생애를 앞두시고, 오히려 40일을 금식하셨습니다. 그러면서 주의 큰일을 준비하셨습니다. 예수님께서 40일간이나 음식을 섭취하시지 않자, 예수님의 육신은 매우 약해지셨으나 예수님의 영은 가장 강했습니다.

이러한 때에 사탄이 예수님을 시험하겠다고 달려들었습니다. 예수님께 돌로 떡을 만들어 먹어 배고픔을 면하라고 한 것입니다.

그러자 예수님께서는 사람이 음식을 먹는 것이 중요한 일이기는 하지만, 음식을 먹는 것 그보다 더 중요한 것이 있는데 그것이 바로 '기록된 말씀'(It is written) 즉, 하나님의 말씀으로 사는 것이라고 말씀하십니다.

인간을 창조하신 하나님께서는 인간에게 음식이 얼마나 중요한지 우리보다 더 잘 아는 분이십니다. 그런데 우리를 지으신 창조주 하나님께서 우리에게 음식보다 더 중요한 것이 하나님의 말씀이라는 사실을 가르쳐주셨습니다.

인간이 생존을 위해서는 먹는 것이 가장 기본이고 중요한 것이라 생각하지만, 인간을 지으신 하나님께서는 인간이 세상을 살아가는 힘이 먹는 것만이 아닌 하나님의 말씀이라고 확실하게 성경에 기록해서 우리에게 알게 하셨습니다.

성경은 예수 안에 있는 믿음으로 구원에 이르는 지혜가 있게 하는 책입니다. 또한 성경은 하나님의 감동으로 된 것으로 교훈과 책망과 바르게 함과 의로 교육하기에 유익한 책입니다.

그리고 성경은 인간의 생존을 위해 기본적으로 필요한 음식보다 더 중요한, 살아계신 하나님의 말씀입니다. 그리스도인의 삶의 기본 중의 기본은 계시의 책 성경입니다. 하나님의 말씀이 음식보다도 우선한다는 사실을 성경을 통해 배웠기에 우리는 이 사실을 언제나 기억해야 할 것입니다.

"내가 그의 입술의 명령을 어기지 아니하고
정한 음식보다 그의 입의 말씀을 귀히 여겼도다"(욥 23:12).

"또 어려서부터 성경을 알았나니
성경은 능히 너로 하여금
그리스도 예수 안에 있는 믿음으로 말미암아
구원에 이르는 지혜가 있게 하느니라
모든 성경은 하나님의 감동으로 된 것으로
교훈과 책망과 바르게 함과 의로 교육하기에 유익하니
이는 하나님의 사람으로 온전하게 하며
모든 선한 일을 행할 능력을 갖추게 하려 함이라"
(딤후 3:15-17).

2. 믿고(Believing)

"하나님의 일은 '기록된 예수'를 믿는 것이다."

(No 자기가 만든 예수)

"우리가 어떻게 하여야 하나님의 일을 하오리이까.
예수께서 대답하여 이르시되 하나님께서 보내신 이를
믿는 것이 하나님의 일이니라"(요 6:28-29).

"믿음이 없이는 하나님을 기쁘시게 하지 못하나니"
(히 11:6).

"모세와 모든 선지자의 글로 시작하여 모든 성경에 쓴 바
자기에 관한 것을 자세히 설명하시니라"(눅 24:27).

"믿음은 들음에서 나며
들음은 그리스도의 말씀으로 말미암았느니라"
(롬 10:17).

온 힘을 다해 믿음을 가지게 되면 세상을 이기는 힘이 바로 그 믿음에서 나옵니다. 그래서 우리는 하나님을 믿으며, 날마다 우리의 믿음이 자라기를 간절히 기도하는 것입니다. 인간이 하나님을 믿는 믿음을 가지게 되면, 그 다음은 하나님의 말씀에 순종하게 되는 더 놀라운 일이 발생하게 됩니다.

아브라함이 하나님을 믿자, 하나님께서 그것을 의(義)로 여기셨습니다. 그렇게 믿음을 가지게 된 아브라함은 그 다음 단계로 하나님의 말씀에 순종했던 것을 볼 수 있습니다.

심지어 하나님께서 아들을 하나님께 바치라고 했는데 그 말씀까지도 순종한 것입니다. 이것이 믿음입니다. 하나님을 기쁘시게 하는 믿음이 없으면, 그 다음 단계인 순종은 상상도 할 수 없습니다.

정보(information)와 지식(knowledge)은 같지 않습니다. 오늘날 사람들이 주로 하는 착각 가운데 하나가 바로 텔레비전이나 잡지, 인터넷 등을 통해 얻는 소소한 몇 가지 정보들을 마치 지식이라고 생각하는 것입니다. 정보를 얻는 것은 쉬운 일이지만, 지식을 쌓는 일은 생각 이상으로 어려운 일입니다.

재물이나 권력처럼 지식도 누구나 갖고 싶어 하지만 누구나 다 가질 수 있는 것이 아닙니다. 땀 흘려 노력해야만 얻어지는 것입니다. 그러므로 인간이 노력하면 지식이나 재물, 혹은 권력을 가질 수 있습니다.

지식과 재물과 권력은 가지기가 쉽지 않아서 그렇지 불가능한 것은 아니기 때문입니다.

그런데 인간이 정말 가지기 어려운 것이 있습니다. 그것은 믿음입니다. 믿음은 내 심장을 내가 믿는 것에게 주고, 내가 믿는 그것의 심장을 내 심장의 자리에 두고 사는 것입니다.

그러므로 내가 예수를 믿는다는 것은, 나의 심장은 예수께 드리고 나는 예수의 심장으로 사는 것입니다. 믿음은 이처럼 생명과 직결되어 있는 중차대한 문제입니다.

성경의 증언을 보면, 하나님의 독생자이신 예수님께서 한 백부장의 믿음을 보시고 매우 기뻐하셨다는 기록이 있습니다.

이를 통해 알 수 있듯이 인간이 믿음을 가지는 것은 생각 이상으로 어려운 일이고, 믿음을 가진 사람은 하나님과 하나님의 아들이신 예수 그리스도의 큰 기쁨이 됩니다.

"예수께서 들으시고 놀랍게 여겨
따르는 자들에게 이르시되
내가 진실로 너희에게 이르노니
이스라엘 중 아무에게서도
이만한 믿음을 보지 못하였노라
또 너희에게 이르노니
동 서로부터 많은 사람이 이르러
아브라함과 이삭과 야곱과 함께 천국에 앉으려니와
그 나라의 본 자손들은 바깥 어두운 데 쫓겨나
거기서 울며 이를 갈게 되리라.
예수께서 백부장에게 이르시되
가라 네 믿은 대로 될지어다 하시니
그 즉시 하인이 나으니라"(마 8:10-13).

인간이 무엇으로 하나님을 기쁘시게 할 수 있습니까? 값비싼 보석을 하나님께 드리면 하나님께서 기뻐하실까요?

세상에서 가장 크고 멋있는 건물을 지어 바치면 하나님께서 기뻐하실까요? 세상에서 가장 아름다운 노래나 그림으로, 아니면 가장 화려한 불꽃놀이로 ….

우리는 사실 하나님께 드릴 것이 없습니다. 온 우주 만물이 다 하나님의 것이기 때문입니다. 우리가 사는 지구도 하나님께서 만드신 태양에서 3번째로 먼 하나의 큰 별일 뿐입니다.

태양에서 가장 가까운 행성은 수성이고, 그 다음은 금성이고, 그 다음이 지구입니다. 지구 뒤로 화성을 비롯해 여러 개의 큰 행성들이 존재하고 있습니다.

우리는 매일 해가 뜨고 해가 진다고 말합니다. 그러나 해는 뜨거나 지지 않습니다. 지구가 태양을 중심으로 매일 하루에 한 바퀴씩 도는 자전(自轉)을 통해서 지구에 낮과 밤이 발생합니다.

그렇게 또 지구는 1년에 한 바퀴 태양 주위를 돌고, 그 사이에 달은 매일 지구를 한 바퀴씩 돕니다. 이런 우주의 순환까지 책임지시는 분이 우리 하나님이십니다.

오늘날 과학이 아무리 발달했다 해도 인간은 태양 가까이 가는 것은 엄두도 못 내며 화성이나 달 정도를 탐험하면서 우주의 신비를 조금 논할 뿐입니다.

온 우주를 지은 분이 하나님이시고, 온 우주가 다 하나님의 것입니다. 그러니 우리가 이 세상에서 무엇을 드려 하나님을 기쁘시게 해드릴 수가 있겠습니까?

천하의 값을 아는 분은 오직 창조주 하나님뿐이십니다. 그런데 그 하나님께서 당신의 아들 예수 그리스도를 통해 나 한 사람이 천하보다 귀하다고 말씀하신 것입니다.

더 나아가 나를 위해 하나님께서는 당신의 독생자 예수 그리스도를 이 땅에 보내셔서 나의 죄를 대신해 십자가에서 처벌받게 하심으로 나의 죄를 사하여 주셨습니다. 그래서 내가 예수 그리스도의 보혈을 통해 하나님께 나아갈 수 있게 된 것입니다.

하나님께서는 우리가 이 사실을 믿으면 기뻐하십니다. 성경에 기록된 이 사실을 믿는 것이 믿음입니다. 성경에 기록된 이 사실이 하나님의 큰일이기 때문입니다. 그러므로 하나님의 큰일은 예수를 믿는 것이고, 예수처럼 사는 것이며, 예수를 닮는 것입니다.

성경을 통해 하나님을 알게 되면, 하나님을 믿게 됩니다. 호세아 선지자는 사람들이 이러한 하나님의 사랑을 알지도 못하고 믿지도 않자 그렇게 안타까워 '제발 우리가 하나님을 좀 알자. 우리는 힘써 하나님을 알아야 한다.' 라고 목 놓아 외쳤습니다.

"그러므로 우리가 여호와를 알자
힘써 여호와를 알자
그의 나타나심은 새벽 빛 같이 어김없나니
비와 같이, 땅을 적시는 늦은 비와 같이

우리에게 임하시리라 하니라"(호 6:3).

하나님께서 아브라함을 믿음의 조상이 되게 하신 것은 아브라함이 어느 누구보다 하나님을 기쁘시게 했기 때문입니다. 아브라함은 하나님의 말씀에 따라 고향, 친척, 아버지의 집을 떠나 하나님께서 지시하신 땅으로 이주했을 뿐 아니라, 하나님께서 100세에 주신 이삭을 하나님께 바치라고 하시자 하나님의 그 말씀에 순종한 사람입니다.

하나님의 요구가 무엇인지 따져 묻는 것이 아니라, 요구하시는 분이 하나님이시라는 사실에 주목하고 순종한 것입니다. 이는 아브라함이 무식하고 무지한 광신도여서 그런 것이 결코 아닙니다.

아브라함은 이성적이고 합리적인 사람으로 당시 고대 근동의 정세까지 훤히 꿰뚫고 있던 당대의 지식인이었습니다. 아브라함은 평소 318명의 사람들을 훈련시켜 길러내고 있다가 앗수르의 4개의 도시국가들과 가나안의 5개의 도시국가들의 전쟁에 개입해 인류 최초로 야습과 기습이라는 전술을 시도해 전쟁을 승리로 이끈 대단히 용기 있는 전쟁 영웅이기도 했습니다. 그런 사람이 하나님을 믿고 신뢰하며 하나님의 말씀에 순종하며 살았던 것입니다.

대체로 부모들의 한결같은 생각은 자기 목숨을 바칠지언정 자식의 목숨은 내어놓지 못한다는 것입니다. 그러나 아브라함은 인간적으로 불가능한 상태에서 아들을 주신 분이 하나님이심을 믿었고, 그 하나님께서 아들을 다시 요구하시면 요구하시는 하나님의 뜻에 따라야 한다고 생각했던 것입니다.

그래서 아브라함은 '내 아들을 어떻게 내어놓습니까?' 가 아닌, '주신 분이 하나님이시니 거두시는 분도 하나님이십니다.' 라며 하나님께 아들을 내어놓았습니다.

하나님을 알고 하나님을 믿게 되면 하나님은 사랑이시라는 사실을 깨닫게 됩니다. 사랑의 하나님께서 아브라함에게 무엇인가를 요구하셨다면, 그 요구에는 하나님의 뜻이 있는 것입니다. 하나님의 뜻은 하늘에서도 이루어져야 하고 땅에서도 이루어져야 합니다.

아브라함은 하나님의 뜻이 하늘에서와 같이 이 땅에서도 이루어지는 데 협력했습니다.

아브라함이 그의 아들 이삭을 사랑하는 것보다 하나님께서 이삭을 더 많이 사랑하십니다. 아브라함은 그 사실을 알았고 믿었던 것입니다.

우리가 우리 자식을 사랑하는 것이 세상에서 가장 큰 사랑이라고 생각하는 것은 하나님 앞에 교만한 마음입니다. 자식은 내 것이 아니라 하나님 소유이고, 하나님께서는 당신의 아들을 십자가에 내어주시기까지 나와 내 자식을 사랑하시는 분이시기 때문입니다.

이런 하나님을 믿는 믿음은 살아계신 하나님을 기쁘시게 하는 그리스도인이 할 수 있는 가장 크고 위대한 일이자, 가장 중요한 일입니다.

"믿음이 없이는
하나님을 기쁘시게 하지 못하나니

하나님께 나아가는 자는

반드시 그가 계신 것과

또한 그가 자기를 찾는 자들에게

상 주시는 이심을 믿어야 할지니라"

(히 11:6).

3. 순종하고(Obeying)

"예수님처럼 순종하고 삶을 예배로 산다."

"내가 곧 길이요 진리요 생명이니 나로 말미암지 않고는 아버지께로 올 자가 없느니라"(요 14:6).

"하나님은 영이시니
예배하는 자가 영과 진리로 예배할지니라"(요 4:24).

"나는 마음이 온유하고 겸손하니 … 내게 배우라"(마 11:29).

"자기를 낮추시고 죽기까지 복종하셨으니
곧 십자가에 죽으심이라"(빌 2:8).

인간이 믿음을 가지고 하나님의 말씀에 순종하면, 그 다음은 인간이 하나님의 기적을 체험하는 단계까지 가게 됩니다. 아브라함이 하나님의 말씀에 순종하여 아들까지도 바치려 하자 하나님께서 그 믿음을 보시고 크게 기뻐하시며 아들의 심장을 향한 아브라함의 칼을 저지시키셨습니다. 그리고 아버지와 아들이 '여호와 이레'의 하나님의 기적을 체험하게 하십니다.

아브라함의 믿음은 그의 아들 이삭에게로 이어집니다. 아버지와 함께 '여호와 이레'를 체험한 이삭은 흉년에 하나님의 말씀에 순종하여 100배의 결실을 맺는 기적을 체험하게 됩니다.

"이삭이 그 땅에서 농사하여
그 해에 백 배나 얻었고
여호와께서 복을 주시므로"(창 26:12).

하나님을 믿는 믿음은 하나님의 말씀에 대한 순종으로, 그리고 그 순종은 하나님께서 주시는 기적으로 이어집니다.

다시 말해 순종 없이는 기적을 기대할 수도 없는 것입니다. '기적'(miracle)은 '문명'(civilization)과 달리 하나님을 믿고 순종하면 발생하는 일입니다. 미국의 유명한 작가 마

가렛 미첼 (Margaret Mitchell)이 쓴 소설 《바람과 함께 사라지다 *Gone with the Wind*》라는 책이 있습니다.

그런데 여기에서 바람과 함께 사라졌다는 그것은 작품 속 여주인공인 스칼렛이 그토록 사랑했던 에슐리의 대사 가운데 나오는데, 사라졌다는 그것은 바로 문명을 말합니다. 에슐리가 보기에 당시의 미국은 '문명이 바람과 함께 사라졌다'(Civilization, Gone with the Wind)는 것입니다. 문명은 이처럼 만들어지기도 하고 사라지기도 하는 것입니다. 그러므로 문명은 결코 기적을 뛰어넘을 수 없습니다.

공의의 하나님 앞에 죄의 값은 오직 사망뿐입니다. 그래서 죄지은 죄인들은 어느 누구도 하나님 앞에 나아갈 수 없고 다 죽을 수밖에 없습니다.

그런데 하나님은 공의의 하나님이시자, 동시에 사랑의 하나님이십니다. 그 공의와 사랑의 하나님께서 죄지은 인간들을 용서하기 위해 길을 여신 것이 바로 제사입니다.

레위기에 등장하는 다섯 가지 제사(번제, 소제, 화목제, 속죄제, 속건제)는 하나님께서 인간들을 번거롭고 귀찮게 하고자 하심이 아니라, 죄지은 인간들을 용서하여 관계를 회복하고 발전시키고 싶어 하시는 하나님의 사랑이었습니다.

이처럼 제사는 죄인이 하나님 앞에 다시 나아갈 수 있는 유일한 길이었습니다. 그런데 하나님께서 하나님의 사람 사무엘을 통해 그렇게 중요한 제사보다 하나님의 말씀에 순종하는 것이 더 중요하다고 말씀하신 것입니다. 순종이 무엇이기에 그토록 중요한 제사보다도 더 중요한 것일까요?

"사무엘이 이르되
여호와께서 번제와 다른 제사를
그의 목소리를 청종하는 것을
좋아하심 같이 좋아하시겠나이까
순종이 제사보다 낫고
듣는 것이 숫양의 기름보다 나으니"
(삼상 15:22).

순종이 무엇인지 생각해보기 전에, 맹종이 무엇인지를 먼저 살펴보겠습니다. 맹종은 '옳고 그름을 가리지 않고 남이 시키는 대로 무턱대고 따름' 을 말합니다.

그리고 맹종과는 약간 다른 복종이란 '명령이나 의사를 조금도 어긋남이 없이 그대로 따르는 것' 을 말합니다. 여기에서 더 나아가 굴종이라는 것도 있는데, 굴종은 '자신의 뜻을 굽혀 남에게 복종함' 을 일컫습니다.

순종은 맹종이나 복종이나 굴종과는 다른 것입니다. 순종은 '순순히 따르는 것' 을 의미하기 때문입니다. 하나님을 알고 하나님을 믿는 사람이 하나님의 말씀을 순순히 따르는 것을 순종이라고 합니다. 때문에 순종은 하나님을 알고 하나님을 믿는 사람만이 할 수 있는 것입니다.

오늘날 그리스도인들이 살아계신 하나님 앞에 할 수 있는 최고의 순종은 먼저 예배입니다. 하나님께서 창세기 1장에서 이미 말씀하신 것으로 일주일에 6일은 일을 하고, 7일째 하나님께서 복 주신 그날은 하나님을 기뻐하고 하나님께 예배해야 하는 것입니다.

신약의 예배는 구약의 제사와 같습니다. 그러나 레위기의 제사법을 자세히 살펴보면 정말 번거롭기가 한이 없습니다. 그럼에도 불구하고 죄지은 사람들은 반드시 제물을 가지고 레위기법에 정해진 대로 하나님 앞에 제사를 드려야만 했습니다. 그래야 하나님께 용서를 받고 살아갈 수 있었기 때문입니다.

레위기에 기록된 5가지 제사 가운데 첫 번째 제사인 번제를 드릴 때 만약 그 제물이 수소일 때의 제사법은 다음과 같습니다.

"이스라엘 자손에게 말하여 이르라
너희 중에 누구든지 여호와께 예물을 드리려거든
가축 중에서 소나 양으로 예물을 드릴지니라
그 예물이 소의 번제이면
흠 없는 수컷으로 회막 문에서
여호와 앞에 기쁘게 받으시도록 드릴지니라
그는 번제물의 머리에 안수할지니
그를 위하여 기쁘게 받으심이 되어

그를 위하여 속죄가 될 것이라
그는 여호와 앞에서 그 수송아지를 잡을 것이요
아론의 자손 제사장들은 그 피를 가져다가
회막 문 앞 제단 사방에 뿌릴 것이며
그는 또 그 번제물의 가죽을 벗기고 각을 뜰 것이요
제사장 아론의 자손들은 제단 위에 불을 붙이고
불 위에 나무를 벌여 놓고
아론의 자손 제사장들은 그 뜬 각과 머리와 기름을
제단 위의 불 위에 있는 나무에 벌여 놓을 것이며
그 내장과 정강이를 물로 씻을 것이요
제사장은 그 전부를 제단 위에서
불살라 번제를 드릴지니
이는 화제라 여호와께 향기로운 냄새니라"(레 1:2-9).

예수님께서 부활하신 후, 베드로를 찾아가서 "네가 나를 사랑하느냐?"라고 3번 물으셨을 때 베드로가 그토록 힘들어 했던 이유는 구약시대에 제사장이 제물을 가지고 제사를 드리러간 죄인에게 "네가 네 양을 진심으로 사랑하느냐?"하고 3번 묻고 대답하는 그 장면이 떠올라서 그랬을 것입니다.

예수님께서 십자가 위에서 제사의 제물(양)이 되셔서 죽으셨는데, 또다시 베드로를 위해 제물(양)이 되실 수도 있다고 베드로의 의향을 물으신 것과 같았기 때문입니다.

그러니 얼마 전 십자가를 지셨던 주님 앞에 베드로가 얼마나 송구하고 몸 둘 바를 몰랐겠습니까? 그런 베드로에게 예수님께서 "내 양을 먹이라."라고 말씀하시며 다시 사명을 주셨습니다. 이런 주님의 큰 사랑을 다시 확인한 베드로가 그 후로 주의 사도가 되어 그렇게 놀라운 주의 큰일을 감당한 것입니다.

만약 오늘날에도 우리가 죄를 지을 때마다 레위기의 제사법으로 제사를 드려야 한다면 정말 쉽지 않을 것입니다.

"그가 범한 죄를 누가 그에게 깨우쳐 주면
그는 흠 없는 암염소를 끌고 와서
그 범한 죄로 말미암아 그것을 예물로 삼아
그 속죄제물의 머리에 안수하고
그 제물을 번제물을 잡는 곳에서 잡을 것이요

제사장은 손가락으로 그 피를 찍어
번제단 뿔들에 바르고
그 피 전부를 제단 밑에 쏟고
그 모든 기름을 화목제물의 기름을
떼어낸 것 같이 떼어내
제단 위에서 불살라 여호와께 향기롭게 할지니
제사장이 그를 위하여 속죄한즉
그가 사함을 받으리라"(레 4:28-31).

그런데 예수님께서 온 인류의 죄를 홀로 담당하시고 십자가 위에서 하나님의 어린양으로 제물이 되시고, 왕 같은 제사장으로 직접 제사를 집례하시며 단번에 자기 백성의 죄를 담당하셨습니다.

그리고 그 예수님께서 흘리신 보혈을 통해 우리는 하나님 앞에 우리의 죄를 사함 받았습니다. 더 놀라운 일은 우리가 감히 하나님의 자녀가 되는 권세까지 누리게 된 것입니다. 그러므로 예수 그리스도는 우리의 구세주이시고, 우리의 왕이시고, 우리의 친구이십니다.

그러므로 우리는 예수 그리스도를 믿고, 독생자이신 예수 그리스도를 이 땅에 보내주신 하나님을 예배해야 함이 마땅합니다. 이는 우리가 하나님을 알고 하나님을 믿는 그리스도인으로서 해야 하는 가장 기본적인 순종입니다.

주님의 날인 주일은 일주일간의 피곤을 풀고 쉬는 날이 아닙니다. 주일은 하나님 앞에 나아와 하나님께 예배를 드리는 날입니다. 주일은 온 하루를 온전하게 하나님께 드려야 하는 날인 것입니다.

"아버지께 참되게 예배하는 자들은
영과 진리로 예배할 때가 오나니 곧 이 때라
아버지께서는 자기에게
이렇게 예배하는 자들을 찾으시느니라.
하나님은 영이시니
예배하는 자가 영과 진리로 예배할지니라"
(요 4:23-24).

그리스도인이 하나님의 말씀에 순종하는 또 하나의 방식은 바로 봉사입니다. 봉사는 '남을 위하여 자신을 돌보지 아니하고 애쓰는 것' 입니다. 예수님 당시 한 부자 청년이 예수님을 찾아와 "제가 어떤 선한 일을 해야 영생을 얻을 수 있습니까?" 라고 질문한 적이 있습니다.

그러자 예수님께서 그 질문에 대한 답으로 하나님께서 주신 계명인 십계명을 지켜야 한다고 말씀하셨습니다. 그러자 그 부자 청년이 자신은 십계명을 다 지키며 살았노라고 대답했습니다. 그러면서 십계명을 다 지킨 자신에게 무엇이 부족한지를 또다시 물었습니다. 그러자 예수님께서 정말 하시고 싶은 말씀을 그때 꺼내셨습니다.

"예수께서 이르시되 네가 온전하고자 할진대
가서 네 소유를 팔아 가난한 자들에게 주라
그리하면 하늘에서 보화가 네게 있으리라
그리고 와서 나를 따르라 하시니" (마 19:21).

그러자 예수님의 말씀을 들은 그 청년은 근심하며 돌아갔고, 아직까지도(?) 돌아오지 않고 있습니다. 왜냐하면 그 청년은 자신이 가진 재물이 많았기 때문입니다.

십계명은 지킬 수 있지만 가난한 사람들을 위해 자신의 재물을 내어놓고 봉사하는 일은 결코 할 수 없는 일이었던 것입니다.

비유의 대가이신 예수님께서는 이 청년이 근심하며 예수님 곁을 떠나자 제자들에게 다음과 같이 가르쳐주셨습니다.

"예수께서 제자들에게 이르시되
내가 진실로 너희에게 이르노니
부자는 천국에 들어가기가 어려우니라
다시 너희에게 말하노니
낙타가 바늘귀로 들어가는 것이
부자가 하나님의 나라에 들어가는 것보다
쉬우니라 하시니"(마 19:23-24).

부자 청년은 십계명은 지키겠지만, 재물을 내어놓고 봉사하는 삶은 살지 못하겠다고 한 것입니다. 이것은 그리스도인의 삶이 아닙니다.

그리스도인이 십계명을 지키는 것은 당연한 것이고, 더 나아가 예수로 말미암아 새 생명을 얻은 자로 이웃을 내 몸과 같이 사랑하기 위한 봉사를 해야 하는 것도 마땅한 일입니다.

그리스도인이 주일에 함께 모여 하나님께 예배를 드리고, 더 나아가 예수 그리스도를 닮아 빛과 소금의 역할을 해야 하는 것도 마땅합니다. 그래야 그리스도의 아름다운 향기를 발하는 그리스도인이 되는 것입니다.

오늘날 기독교는 과거에 비해 정말 많이 풍요로워졌습니다. 그런데 예수를 믿고 예수를 따르는 삶을 살기보다, 예수를 믿는다고 하고 결국은 그로 인해 복 받는 일에만 관심이 많습니다.

예수를 믿는다고 함으로 모든 일이 다 잘 풀리고, 늘 아무 문제없이 평탄하기만을 바랍니다. 예수 그리스도를 닮은 봉사와 이웃 사랑은 외면하고 싶어 합니다.

그러나 이것은 그리스도인의 옳은 행실이 아닙니다. 성경을 통해 하나님을 알고, 하나님을 믿게 된 그리스도인은 하나님의 말씀에 순종하기 위해 하나님께 예배하는 일과 봉사하며 섬기는 일을 구분해서는 안 됩니다. 예배와 봉사는 그리스도인이 하나님의 말씀에 순종하는 기본 중의 기본이고, 기초 중의 기초이기 때문입니다.

4. 체험하고(Experiencing)

"30배, 60배, 100배의 기적을 체험한다."

"너희 대적을 네 손에 붙이신 지극히 높으신
하나님을 찬송할지로다 하매
아브람이 그 얻은 것에서 십분의 일을
멜기세덱에게 주었더라"(창 14:20).

"이스라엘 중 아무에게서도
이만한 믿음을 보지 못하였노라. …
예수께서 백부장에게 이르시되
가라 네 믿은 대로 될지어다 하시니
그 즉시 하인이 나으니라"(마 8:10-13).

하나님께서 만드시는 기적을 인간이 체험하게 되면, 그는 하나님께 영광을 돌리는 거룩한 하나님의 자녀가 됩니다. 영광은 세상 어떤 것이나 어떤 사람이 감히 논할 수 있는 것이 아닙니다. 영광은 오직 살아계신 하나님께서만 받으시기에 합당하신 것이기 때문입니다.

인간이 하나님의 영광을 꿈꾸고, 하나님께 영광을 돌린다는 것은 세상에 어떤 월등한 가치를 뛰어넘는 가장 품위 있고 고상한 일입니다.

그리스도인은 이처럼 성경으로 시작해 하나님께 영광을 돌리는 삶으로 끝을 맺어야 합니다. 그리고 그 성경과 하나님의 영광 사이에 믿음과 순종과 기적이 있습니다.

성경 – 믿음, 순종, 기적 – 하나님의 영광

십일조가 성경에 처음 언급된 것은 성경의 첫 번째 책인 창세기입니다. 십일조 이야기의 시작은 놀랍게도 고대의 전쟁으로부터 시작됩니다. 아브라함 당시 앗수르의 4개 도시국가와 소돔과 고모라를 중심으로 하는 사해 지역 근처의 5개 도시국가 사이에 큰 전쟁이 일어났습니다.

전쟁이 발발하기 전, 아브라함의 조카 롯이 하나님의 동산 같고 애굽 땅과 같다며 반해서 살기로 결정했던 소돔과 고모라는 사실 12년간이나 앗수르의 4개 도시국가에 조공을 바치고 있었던 빛 좋은 개살구 같은 곳이었습니다.

"이에 롯이 눈을 들어 요단 지역을 바라본즉
소알까지 온 땅에 물이 넉넉하니
여호와께서 소돔과 고모라를 멸하시기 전이었으므로
여호와의 동산 같고 애굽 땅과 같았더라
그러므로 롯이 요단 온 지역을 택하고
동으로 옮기니 그들이 서로 떠난지라"(창 13:10-11).

그런데 소돔과 고모라가 앗수르 4개 도시국가에 12년간이나 바치던 조공을 13년째에는 중단했습니다. 고대사회에서 조공 중단은 곧바로 전쟁을 의미합니다.

소돔과 고모라를 중심으로 하는 5개 도시국가들이 앗수르의 4개 도시국가에 조공을 중단한 것은 크게 두 가지로 추측해 볼 수 있습니다.

첫째는 소돔과 고모라를 중심으로 하는 5개 도시국가들이 12년 전과 달리 힘이 강해져서 앗수르의 4개 도시국가와 전쟁을 해서 이길 수 있다는 판단을 했을 수 있습니다. 둘째는 소돔과 고모라를 중심으로 하는 5개 도시국가들의 경제 사정이 나빠져 더 이상 조공을 바칠 수 없을 정도로 형편이 어려웠을 수도 있습니다. 어쨌든 조공 중단으로 인해 결국 전쟁이 일어났습니다.

"당시에 시날 왕 아므라벨과 엘라살 왕 아리옥과 엘람 왕 그돌라오멜과 고임 왕 디달이 소돔 왕 베라와 고모라 왕 비르사와 아드마 왕 시납과 스보임 왕 세메벨과 벨라 곧 소알 왕과 싸우니라.

이들이 다 싯딤 골짜기 곧 지금의 염해에 모였더라. 이들이 십이 년 동안 그돌라오멜을 섬기다가 제십삼년에 배반한지라. 제십사년에 그돌라오멜과 그와 함께 한 왕들이 나와서 아스드롯 가르나임에서 르바 족속을, 함에서 수스 족속을, 사웨 기랴다임에서 엠 족속을 치고 호리 족속을 그 산 세일에서 쳐서 광야 근방 엘바란까지 이르렀으며 그들이 돌이켜

엔미스밧 곧 가데스에 이르러 아말렉 족속의 온 땅과 하사손다말에 사는 아모리 족속을 친지라.

소돔 왕과 고모라 왕과 아드마 왕과 스보임 왕과 벨라 곧 소알 왕이 나와서 싯딤 골짜기에서 그들과 전쟁을 하기 위하여 진을 쳤더니 엘람 왕 그돌라오멜과 고임 왕 디달과 시날 왕 아므라벨과 엘라살 왕 아리옥 네 왕이 곧 그 다섯 왕과 맞서니라.

싯딤 골짜기에는 역청 구덩이가 많은지라 소돔 왕과 고모라 왕이 달아날 때에 그들이 거기 빠지고 그 나머지는 산으로 도망하매 네 왕이 소돔과 고모라의 모든 재물과 양식을 빼앗아 가고 소돔에 거주하는 아브람의 조카 롯도 사로잡고 그 재물까지 노략하여 갔더라"(창 14:1-12).

이 전쟁의 승자는 사해 남쪽에 역청 구덩이가 많은 곳으로 유인과 매복 전술을 펼친 앗수르의 4개 도시국가들이었습니다. 앗수르의 4개 도시국가들이 소돔과 고모라를 중심으로 하는 5개 도시국가들의 모든 재물과 양식을 취하고, 롯을 비롯한 수많은 사람들을 전쟁 포로로 사로잡아 갔습니다.

고대의 전쟁은 승전국이 재물과 양식을 빼앗아가는 것도 큰 경제적 이득이었지만, 그보다 더 큰 경제적 소득은 사로잡은 사람들을 노예시장에 팔아넘기는 것이었습니다. 즉 아브라함의 조카 롯이 노예로 팔려나갈 너무나 절체절명의 위기에 처하게 된 것입니다.

이렇게 고대의 9개 도시국가들이 참여했던 전쟁이 종료되고 앗수르의 4개 도시국가 군인들이 어마어마한 전리품들을 챙기고, 노예시장으로 넘길 노예들까지 이끌고 귀국길에 올랐을 즈음에, 아브라함이 318명의 별동대를 이끌고 단까지 그들을 추격해간 것입니다.

단에서 아브라함은 318명을 두 그룹으로 나누어 한 그룹은 야습을 감행하게 하고, 다른 한 그룹은 다메섹의 호바까지 쫓아가 기습적으로 그들을 쳐서 전쟁의 결과를 바꾸어버렸습니다.

전쟁이 드디어 완벽하게 끝나고, 아브라함은 앗수르의 4개 도시국가들이 차지했던 모든 전리품들과 노예시장으로 넘겨질 뻔했던 사람들을 구해 귀국길에 올랐습니다. 소돔 왕이 직접 나와 귀국길에 오른 아브라함을 영접했습니다. 그리고 살렘 왕이자 하나님의 제사장 멜기세덱이 아브라함을 만나 다음과 같이 그를 축복했습니다.

"그가 아브람에게 축복하여 이르되
천지의 주재이시요 지극히 높으신 하나님이여
아브람에게 복을 주옵소서
너희 대적을 네 손에 붙이신
지극히 높으신 하나님을 찬송할지로다"
(창 14:19-20).

'하나님께서 아브라함에게 복을 주시옵소서.' 라며 축복해주는 멜기세덱에게 아브라함이 그의 전리품 가운데 십분의 일을 바쳤습니다. 이것이 성경 속 최초의 십일조입니다.

그런데 이 사건은 여기서 끝이 나지 않습니다. 곧이어 일어난 다음 사건을 주목해야 합니다.

아브라함이 멜기세덱에게 십일조를 바치고 난 후, 멜기세덱과 함께 아브라함을 영접하기 위해 나와 있던 소돔 왕이 아브라함에게 거래를 청했습니다.

아브라함이 앗수르 4개 도시국가로부터 빼앗은 전리품은 아브라함이 모두 가지고, 아브라함이 구출해온 백성들 가운데에는 아브라함의 조카 롯도 포함되어 그들의 몸값은 계산하지 말고 왕에게 돌려달라는 것입니다. 이 정도 제안이라면 고대사회에서 왕이 할 수 있는 매우 합리적인 제안일 수 있습니다.

그런데 아브라함이 소돔 왕의 제안을 거절합니다. 아브라함은 318명을 이끌고 이 전쟁에 들어간 비용만 취하고, 남은 모든 재물과 양식은 소돔과 고모라 5개 도시국가 국민들에게 다 되돌려주겠다고 한 것입니다.

그 이유는 아브라함이 전쟁을 통해 부자가 되었다는 말은 들지 않겠다는 것입니다. 아브라함을 부자로 만들어주시는 분은 하늘 창고를 여시는 하나님이시지, 누군가의 피와 눈물과 목숨 값인 전쟁을 통해 부를 축적하는 일은 하지 않겠다는 것입니다.

이는 다시 말해 아브라함이 재물의 노예가 되지 않고 하나님의 사람이 되겠다는 뜻입니다.

"소돔 왕이 아브람에게 이르되
사람은 내게 보내고 물품은 네가 가지라
아브람이 소돔 왕에게 이르되
천지의 주재이시요 지극히 높으신 하나님 여호와께
내가 손을 들어 맹세하노니
네 말이 내가 아브람으로 치부하게 하였다 할까 하여
네게 속한 것은 실 한 오라기나 들메끈 한 가닥도
내가 가지지 아니하리라
오직 젊은이들이 먹은 것과
나와 동행한 아넬과 에스골과 마므레의 분깃을 제할지니
그들이 그 분깃을 가질 것이니라"(창 14:21-24).

아브라함 덕분에 목숨을 구한 소돔과 고모라 사람들은 그 시점에는 전 재산을 아브라함에게 주어도 아깝지 않았을 것입니다. 하지만 시간이 조금만 지나면 아브라함이 자신들의 재물을 다 가져갔다고 원망할 것이 자명합니다.

그런데 아브라함 덕분에 목숨을 구한 사람들에게 그들의 양식과 재물까지 돌려준다면 아브라함에 대해 그들이 얼마나 크게 감사하겠습니까. 결국 그들 모두는 아브라함이 하나님을 믿는 사람이라 달랐다는 사실까지도 알게 될 것입니다. 소돔 왕 또한 하나님의 사람 아브라함이 얼마나 고마웠겠습니까.

백성이 없는 왕은 존재할 수 없기 때문입니다. 이런 일은 전쟁사에서 그 전례를 찾아볼 수 없는 일입니다. 아브라함과 같은 하나님의 사람이 이 땅에 많아야 합니다. 십일조는 이렇게 아브라함이 재물의 노예가 되지 않겠다는 결심으로 처음 시작되었습니다.

아브라함에 이은 십일조 기록은 아브라함의 손자 야곱이 형에서를 피해 외삼촌 집으로 향하면서 하나님께 십일조를 서원했던 것이 성경에 기록되어 있습니다.

하나님께서는 야곱의 이 기도를 들으시고, 야곱의 기도대로 그의 삶이 하나님께 십일조를 바치며 살 수 있는 인생이 되게 하셨습니다. 건강하게 살면서 생업에 종사하여 십일조를 바치며 살 수 있는 인생이 복된 인생입니다.

"야곱이 서원하여 이르되
하나님이 나와 함께 계셔서 내가 가는 이 길에서
나를 지키시고 먹을 떡과 입을 옷을 주시어
내가 평안히 아버지 집으로 돌아가게 하시오면
여호와께서 나의 하나님이 되실 것이요
내가 기둥으로 세운 이 돌이 하나님의 집이 될 것이요
하나님께서 내게 주신 모든 것에서 십분의 일을
내가 반드시 하나님께 드리겠나이다 하였더라"
(창 28:20-22).

출애굽기에 기록된 십일조는 하나님께서 율법을 통해 말씀하신 것으로 추수 때에 밭모퉁이 일부를 남겨두는 것, 그리고 포도 열매의 일부를 남겨두는 것으로 또 다른 형태의 십일조가 언급되고 있습니다.

이는 가난한 사람과 타국인을 위한 것으로 제사장 나라의 거룩한 시민으로 이웃 사랑을 위해 소득의 일부를 나누라는 것입니다. 그렇게 이웃에게 나누어도 충분히 먹고 남음이 있게 해주시겠다는 하나님의 말씀입니다. 이렇게 이웃 간에 나눔이 있는 나라가 바로 제사장 나라입니다.

"너희가 너희의 땅에서 곡식을 거둘 때에
너는 밭 모퉁이까지 다 거두지 말고
네 떨어진 이삭도 줍지 말며
네 포도원의 열매를 다 따지 말며
네 포도원에 떨어진 열매도 줍지 말고
가난한 사람과 거류민을 위하여 버려두라
나는 너희의 하나님 여호와이니라"(레 19:9-10).

그 다음 성경에 기록된 십일조는 예루살렘 성전이 바벨론 군인들에 의해 불타고 70년간의 바벨론 포로 생활이 끝난 후, 3차 포로 귀환의 지도자였던 느헤미야에 의해 언급됩니다.

"또 처음 익은 밀의 가루와 거제물과
각종 과목의 열매와 새 포도주와 기름을
제사장들에게로 가져다가
우리 하나님의 전의 여러 방에 두고
또 우리 산물의 십일조를
레위 사람들에게 주리라 하였나니
이 레위 사람들은 우리의 모든 성읍에서
산물의 십일조를 받는 자임이며"(느 10:37).

이스라엘의 12지파 사람들은 여호수아와 함께 5년간에 걸친 가나안 정복 전쟁을 마치고 모두 가나안에서 땅을 분배받았습니다.

그러나 오직 레위 지파 사람들만은 그들의 땅을 분배받지 않았습니다. 그 이유는 레위 지파 사람들은 12지파 사이에 모두 흩어져서 '레위인'으로 하나님과 이스라엘 백성들 사이에

평화를 만드는 일에 종사해야 했기 때문입니다. 레위인들이 12지파의 각 가정의 장자가 받는 대우를 받는 것이 율법이었습니다.

그런데 이스라엘 사람들은 가나안에 정착한 이래로 남유다 백성들이 바벨론 포로로 끌려가기 전까지 900여 년간 안식일, 안식년, 희년을 지키지 않은 날수가 70년에 이를 정도로 제사장 나라의 사명을 잘 감당하지 못했습니다. 그러는 가운데 레위인들을 자기 집안의 장자처럼 챙겨야 하는 일도 물론 소홀히 하고 말았습니다.

그래서 바벨론 포로로 끌려갔던 사람들의 3차 포로 귀환의 지도자인 느헤미야가 이 문제를 바로잡기 위해 십일조를 공식적으로 법제화해 레위인들이 하나님의 일에만 전념할 수 있도록 했습니다.

아브라함의 후손들인 이스라엘이 하나님과 언약을 맺은 제사장 나라는 장자와 성전으로 이끌리는 나라입니다. 각 집안의 장자들을 대신하는 레위인들은 땅도 분배받지 않고 하나님의 일에만 전념해야 하는데 12지파 사람들이 이 일을 소홀히 하면 그들은 먹고 살기 위해 생업에 뛰어들 수밖에 없습니다.

그래서 느헤미야가 레위인들이 맡겨진 사명을 잘 감당하게 하기 위해 십일조를 공식적으로 법제화했던 것입니다. 이것은 제사장 나라가 마땅히 해야 하고, 당연히 해야 하는 일이었습니다.

그렇다면 십일조는 구약에서만 필요했던 것일까요? 그렇지 않습니다. 신약시대부터 하나님의 사람들은 십의 일을 넘어 '모든 소유' 를 하나님께 바치는 사람들이 나오기 시작합니다.

"한 가난한 과부는 와서 두 렙돈 곧
한 고드란트를 넣는지라
예수께서 제자들을 불러다가 이르시되
내가 진실로 너희에게 이르노니
이 가난한 과부는 헌금함에 넣는
모든 사람보다 많이 넣었도다.
그들은 다 그 풍족한 중에서 넣었거니와

이 과부는 그 가난한 중에서 자기의 모든 소유 곧
생활비 전부를 넣었느니라 하시니라"
(막 12:42-44).

초기교회에서는 바나바가 전 재산을 교회에 헌납하고 전도자의 길을 걸었습니다. 그 전에 예수님의 제자들은 그들이 가졌던 모든 것을 버리고 예수를 따랐고 말입니다.

십일조는 재물의 노예가 되지 않고 오히려 재물의 주인이 되어 하나님의 사람으로 이 세상에서 온전한 삶을 사는 그리스도인의 표시입니다. 또한 십일조는 건강한 사람이 하나님께서 주신 힘으로 열심히 일해서 소득을 얻었기에 하나님께 바칠 수 있는 복입니다.

병상에 누워서는 일할 수 없습니다. 그러나 하나님께 십일조를 바친다는 것은 하나님께서 복을 주셔서 건강한 사회인으로 사회에서 건전하게 일했다는 증거입니다. 하나님께서 하나님의 사람에게 하늘 문을 여시고 복을 주시면 상상할 수 없는 십일조도 바치며 살 수 있습니다.

하나님의 사람, 다윗과 다윗 시대의 이스라엘 백성들이 이 같은 고백을 했습니다. 그러므로 십일조는 하나님을 믿는 믿음의 사람이 체험할 수 있는 기적 중의 기적입니다.

"나와 내 백성이 무엇이기에
이처럼 즐거운 마음으로 드릴 힘이 있었나이까
모든 것이 주께로 말미암았사오니
우리가 주의 손에서 받은 것으로
주께 드렸을 뿐이니이다"(대상 29:14).

잠시 개인적인 말씀을 드리자면, 저는 목사이지만 저의 자녀 삼 남매는 목사가 아닌 월등한 평신도로 이 세상을 살아가기를 원합니다.

제 자녀들은 성경 속에 등장하는 요셉, 모세, 룻과 보아스, 다윗, 느헤미야, 다니엘, 스데반처럼 성직자는 아니지만 하나님을 믿는 믿음에서는 어느 누구에게도 뒤지지 않는 뛰어난 평신도가 되기를 바랍니다. 그리고 그들이 목사가 되지 않더라도 반드시 자기 자녀들에게 직접 성경을 가르칠 수 있는 하나님의 사람이 되기를 바랍니다. 이것은 하나님의 말씀이기 때문입니다.

저는 목사로서, 그리고 평생 성경을 가르치는 성경교사로서 저의 아이들에게 반드시 지켜 행하라고 당부한 말이 있습니다. 그것은 다름 아니라, 평생을 살면서 반드시 하나님께 십일조를 바침으로 물질의 노예가 되지 말고 물질의 주인으로 살라는 것입니다.

그리고 무슨 일이 있어도 성경을 손에서 놓지 말라는 것입니다. 이것이 하나님을 믿는 믿음의 사람으로 하나님의 기적을 체험하며 살아갈 수 있는 비결이기 때문입니다.

오늘날 한국 교회에서 십일조에 대해 말하는 것이 매우 껄끄러운 일이 되었습니다. 그러나 저는 다른 사람들이 다 하지 않아도 제 자녀들은 반드시 십일조 하며 사는 인생을 살라고 당부했습니다.

그리고 그들은 평생 하나님께 십일조 하며 사는 인생을 살겠

노라고 약속했습니다. 그래서 저는 저의 자식들의 장래에 대해 걱정이 없습니다.

열심히 땀 흘려 일한 것의 십 분의 일을 하나님께 구분해 바치며 인생을 살아갈 그들을 하나님께서 책임져주실 것이라 믿기 때문입니다. 하나님을 믿는 믿음의 사람이 체험할 수 있는 또 하나의 기적은 치유입니다.

성경 속에는 치유에 관한 이야기가 차고 넘칩니다. 성경에는 불임이 기적같이 치유된 예만 해도 사라와 한나를 들 수 있고, 혈루병과 나병을 치유 받는 사건, 나면서 못 걷게 된 이가 일어나 걸은 사건, 소경이 눈을 뜬 사건, 거라사 광인이 고침을 받은 사건, 심지어 죽은 나사로가 살아난 사건까지도 있습니다.

그 외에도 성경 속에는 기적의 치유 사건이 수두룩합니다. 성경 속에는 기적적인 치유 사건이 차고 넘치지만 꼭 기억해야 할 한 사건을 드러내 말씀드리려 합니다.

예수님께서는 십자가에서 죽으시고 3일 만에 다시 부활하신 후, 승천하시면서 보혜사 성령님을 보내주셨습니다. 그러자 예수님께서 살아계실 때에 그토록 라이벌 관계에 있었던 베드로와 요한이 성령 충만하여 둘이 손잡고 예루살렘 성전에 기도하러 올라가는 기적(?) 같은 일이 일어나게 되었습니다.

그런데 성전 미문에 나면서부터 못 걷게 된 사람이 베드로와 요한에게 작은 액수의 동전이라도 있으면 좀 달라고 구걸을 했습니다. 그러자 베드로가 그 걸인에게 말했습니다.

"베드로가 이르되
은과 금은 내게 없거니와 내게 있는 이것을 네게 주노니
나사렛 예수 그리스도의 이름으로
일어나 걸으라 하고"(행 3:6).

성전 미문에서 오직 구걸밖에는 살아갈 방법이 없었던 그 사람은 겨우 작은 액수의 동전을 구했는데, '예수 이름' 을 받고 기적같이 일어나 걷게 된 것입니다.

기적을 체험한 그는 일어나 걷기도 하고, 뛰기도 하고, 더 나아가 하나님을 찬양하기까지 했습니다. 이 사람이 치유의 기적을 체험한 모범적인 케이스입니다.

"오른손을 잡아 일으키니
발과 발목이 곧 힘을 얻고 뛰어 서서 걸으며
그들과 함께 성전으로 들어가면서
걷기도 하고 뛰기도 하며
하나님을 찬송하니
모든 백성이 그 걷는 것과 하나님을 찬송함을 보고
그가 본래 성전 미문에 앉아 구걸하던 사람인 줄 알고
그에게 일어난 일로 인하여
심히 놀랍게 여기며 놀라니라"(행 3:7-10).

예수 이름은 힘이 있고 능력이 있습니다. 나면서부터 단 한 번도 걸어보지도 못하고 성전 미문에 앉아서 구걸로 살아가던 그 사람에게 예수 이름은 기적이었습니다. 하나님을 알고, 하나님을 믿는 사람 베드로와 요한이 하나님의 말씀에 순종하며 성전에 기도하러 올라갈 때에 기적이 일어났던 것입니다. 믿음이 없으면 그 놀라운 '예수 이름'을 말할 수 없습니다.

그렇게 예수 이름으로 기적같이 치유 받은 사람은 걷고, 뛰고, 하나님을 찬양하며 살아야 합니다. 걷게 되었는데도 불구하고 '그런데 왜 동전은 안 주시나요?' 라고 되묻는 어리석은 인생을 살아서는 안 됩니다.

하나님의 사람이 체험할 수 있는 큰 은혜는 건강하게 일해서 얻은 소득의 십일조를 하나님께 구분해서 바치는 것이고, 하나님의 은혜 가운데 받은 기적의 치유를 값있게 사용하는 것입니다. 기적을 체험한 하나님의 사람은 이웃들에게 '예수 이름'을 주고 살아가는 인생이 되어야 합니다.

이것이 하나님의 기적을 체험한 그리스도인의 귀한 삶입니다.

5. 영광 돌린다(Glorifying)

"교회는 오직 하나님께 영광 돌린다."

"이를 네게 알게 한 이는 혈육이 아니요
하늘에 계신 내 아버지시니라 …
내가 이 반석 위에 내 교회를 세우리니"(마 16:17-18).

"베드로가 어떠한 죽음으로
하나님께 영광을 돌릴 것을 가리키심이러라"(요 21:19).

영광은 인간들 사이에서 말할 수 있는 주제가 아닙니다. 영광은 오직 하나님께서만 받으실 수 있고, 하나님께서만 나타내실 수 있기 때문입니다. 성경은 하나님의 영광이 다음과 같이 나타났다고 증거하고 있습니다.

성막을 건립하여 봉헌했을 때 하나님의 영광이 나타났습니다.

"구름이 회막에 덮이고
여호와의 영광이 성막에 충만하매"(출 40:34).

솔로몬의 성전 봉헌식 때에도 하나님의 영광이 나타났습니다.

"제사장이 성소에서 나올 때에 구름이 여호와의 성전에 가득하매 제사장이 그 구름으로 말미암아 능히 서서 섬기지 못하였으니 이는 여호와의 영광이 여호와의 성전에 가득함이었더라"(왕상 8:10-11).

그리고 참 성전이신 예수님께도 하나님의 영광이 드러났습니다.

"말씀이 육신이 되어 우리 가운데 거하시매 우리가 그의 영광을 보니 아버지의 독생자의 영광이요 은혜와 진리가 충만

하더라"(요 1:14).

"본래 하나님을 본 사람이 없으되 아버지 품 속에 있는 독생하신 하나님이 나타내셨느니라"(요 1:18).

하나님의 영광은 성막을 건립하고 봉헌할 때 구름이 그 회막을 가득 덮음으로 나타났고, 예루살렘 성전 봉헌식 때에도 구름이 성전 건물을 가득 덮음으로 나타났습니다. 그러므로 하나님께서는 구약성경에서 하나님의 영광을 드러내실 때 구름으로 그곳을 가득히 덮으셨음을 알 수 있습니다.

그리고 신약성경에 하나님의 영광은 하나님의 독생자이신 예수 그리스도를 통해 나타났습니다. 말씀이 육신이 되신 예수 그리스도가 하나님의 영광 그 자체이셨던 것입니다. 그러므로 오늘날 우리가 하나님의 영광을 위해 산다는 것은 우리의 구세주이시고 영광의 본체이신 예수 그리스도를 믿고 그분을 찬양하는 것입니다.

우리가 몸과 마음과 영으로 예수님을 높이고, 성경에 기록된 예수를 믿고, 예수 그리스도를 본받아 살기 위해 노력하는 것이 하나님께 영광 돌리며 사는 것입니다.

기초가 튼튼한 집은 무너지지 않습니다. 태풍이 오고 폭우가 와서 혹시 집의 바깥 부분이 조금 망가지면 그 집은 고쳐서 다시 잘 사용하면 됩니다.

하지만 작은 비바람에 집의 기둥뿌리가 뽑혀버리면, 그 집은 고치는 정도가 아니라 처음부터 다시 지어야 합니다. 그래서 힘들더라도 기초공사를 튼튼히 해야 합니다. 집을 포함해 모든 일에 기초가 중요하지만, 특히 그리스도인들의 신앙생활은 성경을 기반으로 기초가 튼튼해야 함은 두말할 나위가 없습니다.

제사장 나라는 장자와 성전으로 이끄는 나라이고, 제사장 나라를 모두 담은 하나님 나라는 제자와 교회로 이끄는 나라입니다. 이를 그릇에 비유한다면, 하나님 나라 그릇이 제사장 나라 그릇을 담았다는 것입니다.

큰 그릇은 작은 그릇을 담을 수 있으나, 작은 그릇은 큰 그릇을 담을 수 없습니다. 다시 말해 하나님 나라의 큰 그릇이 제사장 나라를 모두 담았다는 것입니다. 그러므로 제자와 교회가 이끄는 하나님 나라 그릇에는 장자와 성전이 이끄는 제사장 나라까지도 다 담겨 있는 것입니다.

오늘날 우리는 성도들이 함께 모여 하나님께 예배드리는 곳을 성전이라고도 부르고, 교회라고도 부릅니다. 둘 다 의미상으로는 옳습니다. 그러나 성전과 교회를 명확하게 구분하자면, 이 세상에 존재했던 건물로서의 성전은 오직 예루살렘 성전뿐이었습니다.

그리고 '예수를 주'라 고백하는 사람들이 모여 예루살렘 교회와 안디옥 교회, 에베소 교회와 고린도 교회 등등 교회를 세웠던 것입니다. 오늘날 성도들이 모여서 하나님께 예배드리는 곳의 건물 그 자체는 사실 엄밀히 말하면 교회가 아닙니다. 교회의 정확한 의미는 '예수 그리스도를 주라 고백하는 사람'이기 때문입니다.

그러므로 예수 그리스도를 주라 고백하는 내가 바로 교회이고, 예수 그리스도를 주라 고백하는 우리들이 바로 교회입니다. 교회는 건물이 아니라, 우리가 교회이고 우리 몸이 바로 거룩한 성전입니다.

"너희는 너희가 하나님의 성전인 것과
하나님의 성령이 너희 안에 계시는 것을 알지 못하느냐

누구든지 하나님의 성전을 더럽히면
하나님이 그 사람을 멸하시리라
하나님의 성전은 거룩하니 너희도 그러하니라"
(고전 3:16-17).

왜 우리 몸이 '거룩한 성전'인지 성경을 통해 살펴보아야 합니다. 성전하면 먼저 떠오르는 사람이 다윗과 솔로몬입니다. 다윗은 하나님의 언약궤를 모셔두는 건물을 건축하고자 했고, 하나님께서 이를 다윗에게 허락하시면서 성전이 시작되었습니다.

그렇다면 우리 몸이 거룩한 성전이라고 하는 것은 예루살렘 성전과 같은 건물 성전을 일컫는 것일까요? 그렇지 않습니다. 예수님께서 세상 모든 사람들의 죄를 대속하시기 위해 십자가 위에서 죽으시면서 "다 이루었다."라고 말씀하실 때에 건물 성전인 예루살렘 성전 안의 휘장이 찢어졌습니다.

그 순간 제사장 나라가 종료되고 제사장 나라를 담은 하나님 나라가 본격적으로 시작되었습니다. 장자와 성전으로 이끌던 제사장 나라가 예수 그리스도의 보혈의 공로로 제자와 교회로 이끄는 하나님 나라 안으로 담기면서 더 이상 소나 양을 제물로 바치는 제사를 하나님께 드리지 않게 되었습니다.

그리고 예수 그리스도가 나의 죄를 대속하셨음을 믿는 믿음으로 우리는 하나님께 죄 사함을 받고 하나님의 자녀가 되는 권세까지 누리게 되었습니다. 그리고 이처럼 '예수는 주'라고 고백하는 한 사람 한 사람이 모두 교회가 된 것입니다.

"시몬 베드로가 대답하여 이르되
주는 그리스도시요 살아 계신 하나님의 아들이시니이다
예수께서 대답하여 이르시되
바요나 시몬아 네가 복이 있도다
이를 네게 알게 한 이는 혈육이 아니요
하늘에 계신 내 아버지시니라
또 내가 네게 이르노니 너는 베드로라 내가 이 반석 위에
내 교회를 세우리니 음부의 권세가 이기지 못하리라"
(마 16:16-18).

그래서 하나님의 사람 바울이 다음과 같이 고백할 수 있었던 것입니다.

"내가 그리스도와 함께 십자가에 못 박혔나니
그런즉 이제는 내가 사는 것이 아니요
오직 내 안에 그리스도께서 사시는 것이라
이제 내가 육체 가운데 사는 것은
나를 사랑하사 나를 위하여 자기 자신을 버리신
하나님의 아들을 믿는 믿음 안에서 사는 것이라
내가 하나님의 은혜를 폐하지 아니하노니
만일 의롭게 되는 것이 율법으로 말미암으면
그리스도께서 헛되이 죽으셨느니라"(갈 2:20-21).

우리가 예수님의 보혈의 공로가 아니면 어떻게 하나님 앞에 나아갈 수 있겠습니까. 우리는 예수님의 보혈의 공로로 죄 사함을 받고 하나님의 자녀가 되었습니다. 하나님의 형상을 닮은 인간은 예수를 믿고, 예수를 닮아가며, 예수처럼 살아야 합니다. 이것이 하나님의 영광을 꿈꾸며 사는 길입니다.

그런데 가장 중요한 것은, 반드시 성경에 기록된 예수를 믿는 것입니다. 자기가 만든 예수, 혹은 자기가 지어낸 엉터리 예수가 아닌, 살아계신 하나님의 말씀인 계시의 책 성경에 기록된 바로 그 예수를 믿는 것입니다.

그래야 우리의 몸이 거룩한 하나님의 성전이 될 수 있습니다. 예수님에 대한 기록은 구약 39권과 4복음서에 기록되어 있습니다. 그리고 예수를 믿은 사람들에 관한 기록은 사도행전과 공동서신 9권에 모두 기록되어 있습니다.

성경에 기록된 예수를 믿고 구원 받은 성도들이 거룩한 교회입니다. 그리고 그런 성도가 하나님의 거룩한 성전이고, 하나님의 영광을 꿈꾸는 자입니다.